Nur Mut!

Geschichten von Jana Frey
Mit Bildern von Gabriele Kernke

Ravensburger Buchverlag

Inhalt

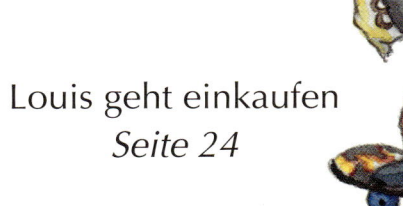

Luzie und die fremden Kinder

Luzie ist in eine fremde Stadt umgezogen. Zusammen mit Mama, Papa und ihrem kleinen Bruder Gustav. Vorsichtig schaut sie aus ihrem neuen Kinderzimmerfenster.
Eigentlich würde sie gern rausgehen, aber dort draußen sind diese vielen fremden Kinder und Luzie möchte ihnen nicht begegnen.
Plötzlich reißt sie die Augen auf: Dort unten tappt ihr kleiner Bruder aus der Haustür.

„Gustav!", ruft Luzie, aber natürlich kann Gustav sie nicht hören.
„Mama!", ruft Luzie. „Papa!" Aber Mama und Papa sind im Keller. Und Gustav marschiert einfach so davon! Luzie hält die Luft an vor Aufregung. Was passiert dort unten? Gustav ist jetzt hinter den Büschen verschwunden. Und mit ihm die anderen Kinder.
„Gustav ...", flüstert Luzie. Was soll sie nur tun? Luzie sitzt einen Augenblick ganz starr da – aber dann

springt sie entschlossen
auf und rennt nach unten.
Sie läuft über die Wiese.
Die fremden Kinder stehen im Kreis
um Gustav herum. Luzie bleibt mit
klopfendem Herzen stehen. Was tun
sie mit ihm? Ein großer Junge und
ein Mädchen beugen sich zu Gustav
hinunter. Der große Junge greift sogar
nach Gustavs Schulter.
Da gibt Luzie sich einen Ruck und
läuft zu den Kindern hinüber.
„Das ist mein Bruder", sagt sie und
nimmt Gustav schnell an die Hand.
„Der ist ja süß", sagt ein Mädchen
und streichelt Gustavs Ringellocken.
„Wir haben ihn schon gefragt, wie er
heißt und wo er herkommt, aber er
hat nichts gesagt und ist nur herum-
gehopst."
„Wohnt ihr jetzt hier?", fragt der
große Junge.
Luzie nickt.
„Prima", sagt das Mädchen
und lächelt Luzie zu.

„Ich heiße Emily und das ist mein
Bruder. Er heißt Lukas." Sie zeigt auf
den großen Jungen.
In dem Moment greift Gustav blitz-
schnell nach Lukas' Fußball. „Ball –
Ball – Ball!", ruft er begeistert und
Luzie schaut besorgt zu Lukas hinü-
ber. Wird er wütend werden? Aber
Lukas wird überhaupt nicht wütend,
im Gegenteil. Er lächelt, und dann
spielt er mit Gustav sogar ein bisschen
Ball-hin-und-Herrollen.
Als Mama und Papa aus dem Keller
kommen, läuft Luzie ihnen entgegen.
„Hier ist es schön", erklärt
sie Mama.
Und dann gibt es für alle
Kinder ein Eis
auf Umzugskisten.

5

Die Geburtstagskrone

Heute hat Klara Geburtstag. Klara ist Luzies neue Kindergartenfreundin. Frau Sommer, die Kindergärtnerin, setzt ihr die schöne, glitzernde Geburtstagskrone auf den Kopf. „Wer möchte die Geburtstagskerze für Klara anzünden?", fragt Frau Sommer, und natürlich wollen alle und es gibt einen Riesenlärm.

„Ich will, ich will, ich will!", ruft Frederik am lautesten von allen. Er klettert sogar auf den Frühstückstisch. Doch dort steht der Geburtstags-blumenstrauß und den stößt Frederik um.

Frau Sommer ist ärgerlich auf Frederik und die Kerze für Klara darf Luzie anzünden.

„Du darfst die Krone ruhig noch ein bisschen aufbehalten", sagt Frau Sommer. Klara freut sich, und zusammen mit Luzie spielen sie, dass die Geburtstagskrone ein wertvoller Schatz wäre, den sie bewachen müssen. Danach spielen sie, dass sie arme Kinder in einem Waisenhaus sind. „Wir müssten auf dem harten, kalten Boden schlafen", sagt Klara und legt sich schon mal hin. Da kracht es! „Die Krone!", flüstert Klara und springt auf. Entsetzt sehen sie, dass das goldene Holz der Geburtstags-krone mitten durchgebrochen ist. Stumm schauen sich Klara und Luzie an. Und dann krabbeln sie sehr still und sehr eilig aus ihrer Spielhöhle hinaus. Stumm schleichen sie sich in die Bücherecke.

Von dort können sie beobachten, wie Frederik mit viel Getöse in die Höhle krabbelt.

„Aufräumen!", ruft Frau Sommer da.

„Frau Sommer, hier ist was Kaputtes!", antwortet Frederik und hält die zersplitterte Krone in den Händen.

Frau Sommer beginnt zu schimpfen. Und zwar mit Frederik! „Immer machst du alles kaputt, Frederik!", sagt sie böse.

„Aber ich war das nicht!", stottert Frederik.

„Jetzt lüg mich nicht auch noch an!", schimpft Frau Sommer und sieht von Kopf bis Fuß wütend aus.

Da fängt Frederik an zu weinen.

Klara und Luzie schauen sich an.

Klara nimmt ihren ganzen Mut zusammen und geht zu Frau Sommer und Frederik hinüber. „Frau Sommer", sagt sie leise und ihre Stimme zittert vor Aufregung. „Frederik war das gar nicht, ich war das."

Jetzt ist es heraus. Ängstlich schaut Klara Frau Sommer an. Und Frau Sommer schaut überrascht zwischen Klara und Frederik hin und her.

Und dann entschuldigt sie sich bei Frederik. Und tröstet ihn.

„Wir könnten versuchen, die Krone zu reparieren", schlägt Klara vorsichtig vor.

Luzie und Frederik nicken.

Die Spinne

Lukas ist acht Jahre alt. Er wohnt mit Mama, Papa und seiner kleinen Schwester in der Wohnung über Luzie. Eigentlich ist Lukas sehr mutig. Er kann im Schwimmbad sogar schon vom Einmeterbrett springen. Nur vor dem Keller fürchtet er sich.

„Er hat nämlich Angst vor Spinnen", erklärt Emily.

Lukas wird rot.

„Ich habe keine Angst vor Spinnen", sagt Emily stolz. „Ich finde Spinnen sogar sehr niedlich."

Luzie bleibt heute bei Lukas und Emily zum Mittagessen.

Es gibt Spagetti mit Tomatensoße. Und weil der Saft alle ist, geht Lukas' Mama in den Keller, um ein paar neue Flaschen zu holen.

„Da ist was", sagt Emily plötzlich.

„Wo ist was?", fragt Lukas.

„Da drin", sagt Emily und zeigt auf die Soßenschüssel.

„Klar ist da was drin – Tomatensoße", sagt Lukas achselzuckend.

„Aber da wackelt doch was", sagt Emily. „Das ist eine Spinne!", ruft sie dann und springt auf.

Lukas reißt entsetzt die Augen auf.

„Wie ist sie bloß in unsere Soße gekommen?", flüstert Emily.

„Das ist doch egal", ruft Luzie. „Aber wir müssen sie retten! Sonst ertrinkt sie."

Lukas und Emily und Luzie sehen sich an.

„Wir warten am besten auf Mama", sagt Emily zögernd. „Mama soll sie retten."

„Ich denke, du findest Spinnen niedlich", brummt Lukas.

Dazu sagt Emily jetzt lieber nichts.

„Die arme Spinne", flüstert Luzie. „Man müsste sie mit einem Löffel herausfischen."

„Ja, das ist eine gute Idee", ruft Emily und schiebt Luzie einen Löffel zu. „Da, mach mal."

Luzie schaut die Spinne an. „Ich glaube, ich traue mich nicht", sagt sie leise. „Mach du, Emily."

Aber Emily schüttelt den Kopf. „Ich traue mich auch nicht."

8

Alle drei schauen die Spinne ratlos an.
Da holt Lukas tief Luft, schnappt sich
mit zitternden Fingern den Löffel und
fischt die erschöpfte Spinne aus der
Soße.
Blitzschnell lässt er sie auf den Tisch
plumpsen. Die Spinne sitzt ganz still da.
„Und wo soll sie jetzt hin?", fragt Emily.
„Am besten auf den Balkon", schlägt
Luzie vor.
Luzie und Emily schauen Lukas an.

„Also gut", knurrt Lukas. Vorsichtig
trägt er die Spinne zum Balkon.
Sie sitzt zum Glück ganz still da und
wartet ab. Lukas hat immer noch
ziemliches Herzklopfen, aber als
Mama aus dem Keller kommt,
hat er die gerettete Spinne gerade im
Blumenkasten abgesetzt.
„Ich glaube, ab heute kann ich die
Saftflaschen aus dem Keller holen",
erklärt Lukas.

9

Der Tigerreißverschluss

Das ist Josefine. Sie ist drei Jahre alt. Und heute ist ein ganz besonderer Tag für sie, denn heute ist endlich, endlich, endlich Fasching. Josefine ist schon ganz zappelig vor Aufregung, denn um drei Uhr feiert Anna aus dem Nachbarhaus ihr Faschingsfest und dazu hat sie Josefine eingeladen.

Josefine will sich als Tiger verkleiden und Mama hat ihr ein schönes Kostüm genäht.

Und jetzt ist es endlich so weit.

Josefine schlüpft in das Tigerkostüm hinein und Mama zieht den Reißverschluss vor Josefines Bauch zu.

Das ist gar nicht so einfach, denn eine Menge schwarzgelber Fellzotteln verheddern sich in dem gelben Reißverschluss. Mama zupft und zieht und endlich ist der Tigerreißverschluss zu.

Danach malt Papa Josefine ein schwarzgelbes Tigergesicht und Josefine schaut im Spiegel dabei zu und ist sehr zufrieden mit sich.

Das Faschingsfest ist prima. Es gibt leckeren Kuchen und lustigen Wackelpudding und eine Menge

Limonade und danach werden viele Spiele gespielt. Anna ist ein Schornsteinfeger und Luana ist ein kunterbunter Clown und Louis ist ein Zauberer und Emily ist eine Prinzessin und Luzie ist auch eine Prinzessin. „Na, ist dir nicht heiß in deinem warmen Tigerfell?", fragt Annas Mama Josefine. Josefine schüttelt den Kopf, obwohl ihr schon ein bisschen heiß ist nach all dem Getobe. Aber das will sie lieber nicht sagen. Während die anderen weiterspielen, schleicht sich Josefine zur Toilette. Von dem vielen Limotrinken hat sie einen richtigen Gluckerbauch bekommen und jetzt muss sie dringend mal Pipi.

Josefine zieht an dem Tigerreißverschluss. Aber der geht leider kein bisschen auf, denn schon wieder haben sich eine Menge Tigerfellzotteln darin verheddert. Josefine zieht wieder, aber die Fellzotteln verheddern sich nur noch fester.
Josefine merkt, dass sie jetzt schon ziemlich dringend Pipi muss und dass sie gleich ein bisschen weinen wird, denn lange kann sie das Pipi jetzt nicht mehr zurückhalten. Und da passiert es auch schon. Josefine spürt, wie ihre Beine ganz nass werden und unter ihren dicken Tigertatzen bildet sich eine kleine Pipipfütze. Entsetzt starrt Josefine die Pfütze an. Was soll sie jetzt nur tun?

Was werden die anderen Kinder sagen, wenn sie sehen, dass Josefine in die Hose gemacht hat? Und was wird Annas Mama zu der Pipipfütze sagen? Josefine steht ganz starr da und lauscht nach draußen. Noch hat es keiner gemerkt, dass sie verschwunden ist. Josefine weint leise vor sich hin. Am besten bleibt sie einfach hier drin. Aber so allein hier zu sitzen ist auch scheußlich. Josefine seufzt. Und dann nimmt sie all ihren Mut zusammen und öffnet die Tür. Einen ganz kleinen Spalt bloß. Josefine blinzelt nach draußen. Und gerade da kommt Luana durch den Flur gehopst. Luana geht in die gleiche Kindergartengruppe wie Josefine. Josefine holt tief Luft. „Luana", ruft sie. Ziemlich leise hat sie gerufen, aber Luana hat sie zum Glück trotzdem gehört und sie schlüpft zu Josefine ins Badezimmer.

Fast sofort sieht sie die Pipipfütze. „Mein Tigerreißverschluss ging nämlich nicht auf", erklärt Josefine verlegen.
„Das ist doch nicht schlimm", sagt Luana und sie lacht Josefine überhaupt nicht aus. „Das ist mir auch schon mal passiert", sagt sie stattdessen. Und dann hilft sie Josefine, den dummen Reißverschluss aufzuziehen und holt Annas Mama. Annas Mama bringt Josefine eine frische Strumpfhose und einen bunten Pulli und sie schimpft überhaupt nicht, sondern sie nimmt Josefine sogar in den Arm und anschließend wäscht sie das Tigerkostüm aus und hängt es über die Badezimmerheizung. Und als am Abend Mama kommt, um Josefine abzuholen, ist sie schon längst wieder ein plüschweicher, schwarzgelber Tiger.

Anna geht zum Arzt

Anna hat sich versteckt. Mama sucht in der ganzen Wohnung nach ihr.
„Anna, nun komm schon heraus", ruft Mama.
Aber Anna rührt sich nicht vom Fleck. Eigentlich wäre so ein Versteckspiel ja eine lustige Sache, nur heute nicht, denn heute versteckt Anna sich nicht zum Spaß.
„Anna, wir kommen zu spät", ruft Mama und jetzt klingt ihre Stimme schon ein bisschen ärgerlich.
Aber Anna rührt sich trotzdem nicht. Zu spät zu kommen, das wäre ja das Allerbeste überhaupt, denn dann hat Doktor Joop vielleicht gar keine Zeit mehr für sie. Anna soll heute von Doktor Joop geimpft werden und sie weiß genau, was das heißt. Geimpft werden heißt, eine Spritze bekommen. Und eine Spritze will Anna auf keinen Fall!

„Anna, gleich werde ich wütend", ruft Mama und schaut unter Annas Bett. Und in dem Moment springt Annas Kater Mohrchen vom Schrank und landet ausgerechnet in dem Winkel, in dem Anna sich verkrochen hat.
„Aua", jammert Anna.
„Da bist du ja", sagt Mama erleichtert und dann muss Anna sich blitzschnell anziehen, um mit Mama zu Doktor Joop zu fahren.
Im Wartezimmer sind schon viele andere Kinder.
„Willst du nicht ein bisschen spielen?", fragt Mama.
Anna schüttelt den Kopf und setzt sich stumm auf einen Stuhl.
„Soll ich dir vielleicht ein Buch vorlesen?", fragt Mama.
Anna schüttelt stumm den Kopf und fängt an zu weinen vor Angst.
Da geht die Wartezimmertür auf und die Arzthelferin schaut herein.
„Anna, du bist jetzt dran", sagt sie und lächelt Anna zu.
Mama muss Anna tragen, denn vor Angst fühlen sich ihre Beine ganz zittrig und wackelig an.
„Na, Anna?", sagt Doktor Joop und will Anna die Hand geben. Aber Anna versteckt ihre Hände schnell

hinter ihrem Rücken und sich selbst versteckt sie hinter Mamas Beinen.
„Du brauchst keine Angst zu haben", sagt Doktor Joop.
„Ich will keine Spritze bekommen", flüstert Anna.
„Aber in deine Ohren darf ich einmal hineinleuchten?", fragt Doktor Joop und zeigt Anna eine lustige, kleine Taschenlampe. „Das tut überhaupt nicht weh."
Und nachdem Anna Mama mit der kleinen Taschenlampe ins Ohr geleuchtet hat, darf Doktor Joop auch in ihre Ohren leuchten.
Danach schaut Anna in Mamas Hals und Doktor Joop schaut in Annas Hals.

Und anschließend darf Doktor Joop sich auch ruhig anhören, wie Annas Herz schlägt.

„Du bist ja ein richtig mutiges, kleines Mädchen", staunt Doktor Joop.

„Und vor dem kleinen Piks mit der Spritze brauchst du auch keine Angst zu haben."

„Schau mal, so klein sind meine Spritzen", sagt Doktor Joop und zeigt Anna eine kleine, gelbe Spritze.

Anna weicht zurück.

Aber da ertönt plötzlich ein lautes Geschrei aus dem Nachbarzimmer.

„Wer weint denn da?", fragt Anna verwundert.

Doktor Joop lächelt und öffnet die Tür. Anna schaut vorsichtig in den anderen Arztraum hinein. Und dort steht ein Junge, der noch kleiner ist als sie selbst.

16 „Das ist Tim", sagt Doktor Joop.

„Tim soll heute auch geimpft werden, aber er traut sich nicht so recht. Anna, meinst du, du kannst Tim den kleinen Piks vorführen? Wenn er sieht, wie mutig du bist, dann traut er sich vielleicht auch."

Anna überlegt. Plötzlich ist es ganz still in Doktor Joops Arztzimmer.

„Na gut", flüstert Anna da, und dann schaut sie zusammen mit Tim zu, wie Doktor Joop die kleine Spritze auspackt.

Anna spürt einen kleinen Pikser an ihrem Po und dann ist alles schon vorbei und Anna darf sich ein buntes Pflaster aussuchen, dass Mama auf die gepikste Stelle klebt.

„Das war ja gar nicht schlimm", staunt Anna und zieht sich wieder an.

„Und jetzt traut Tim sich den kleinen Pikser sicher auch zu", sagt Doktor Joop und schüttelt Anna zum Abschied die Hand. „Danke, Anna."

Yüksel und das Glucksmonster

Das Glucksmonster ist ein unsichtbares Monster und es wohnt im Klo.

„Es gibt aber keine Monster", erklärt Mama Yüksel jeden Tag, aber Yüksel glaubt Mama nicht.

„Ich höre es doch immer glucksen", sagt sie ängstlich.

„Nur das Wasser gluckst in der Toilette", sagt Mama. „Und sonst nichts." Und dann sagt Mama wieder, dass Yüksel nun wirklich einmal lernen muss, zum Pipimachen auf die Toilette zu gehen.

„Sonst kannst du nicht in den Kindergarten gehen, das weißt du doch", sagt Mama.

„Ich könnte doch mit meiner gemütlichen Windel in den Kindergarten gehen", schlägt Yüksel vor. Aber Mama schüttelt leider den Kopf.

Am Nachmittag kommt Anna. „Vielleicht komme ich bald auch in den Kindergarten", erzählt Yüksel.

„Prima", sagt Anna. Und dann sagt sie, dass sie mal Pipi muss.

„Darf ich mitkommen?", fragt Yüksel.

Anna nickt und dann setzt sie sich einfach so zum Pipimachen auf das unheimliche Klo.

„Hast du keine Angst vor Klomonstern?", fragt Yüksel vorsichtig.

Anna schüttelt den Kopf.

„Aber es könnte dir doch vielleicht in den Po beißen", flüstert Yüksel.

Und dann beschließen Anna und Yüksel herauszufinden, ob Glucksmonster überhaupt beißen können.

„Denn vielleicht haben die ja gar keine Zähne", sagt Anna und dann holen sie schnell ein paar Smarties. Und die lässt Yüksel ins Klo plumpsen.

Die Smarties schwimmen im glucksenden Wasser herum und dann gehen sie unter und das ist alles.

„Los, du Monster", ruft Anna. „Iss mal was." Aber es passiert nicht viel. Nur dass die Smarties bald gar nicht mehr richtig bunt sind. Aber verspeisen tut sie niemand dort unten.

„Habe ich es doch gesagt, Klomonster haben keine Zähne", kichert Anna. Yüksel ist plötzlich sehr erleichtert. „Wenn ich nämlich keine Windel mehr anziehen muss, dann kann ich in den Kindergarten gehen", verrät sie Anna. „Windeln sind sowieso blöd, die fühlen sich doch sehr ungemütlich am Po an", sagt Anna. „Vor allem, wenn man schon drei ist."

Yüksel nickt und dann pinkelt sie dem unsichtbaren Glucksmonster einfach mal auf den unsichtbaren Kopf. Und das Monster, das ja sowieso keine Zähne zum Beißen hat, hält ganz still. Vielleicht hat Mama ja überhaupt Recht und es gibt wirklich keine Monster. Und jetzt kann Yüksel endlich in den Kindergarten!

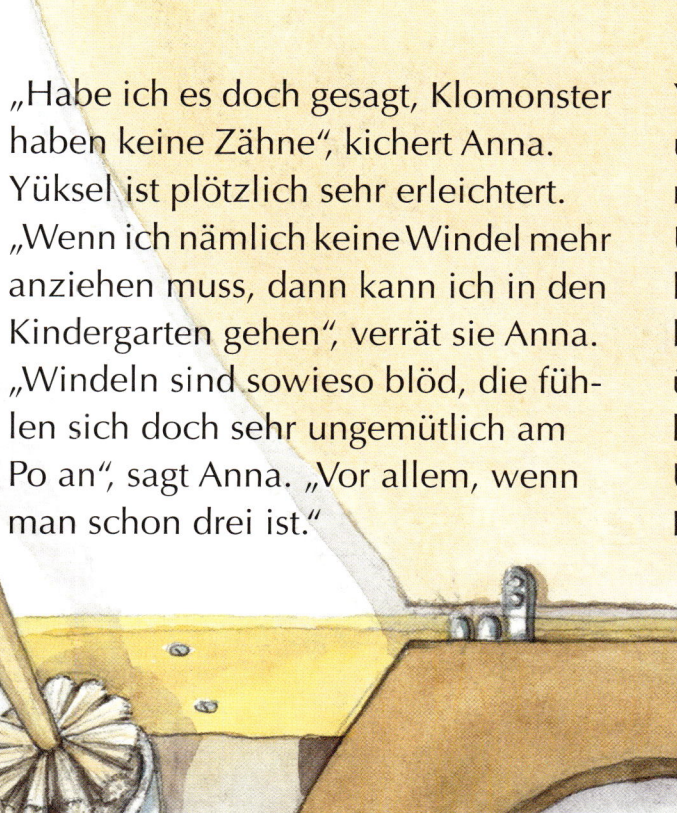

Der Tantennachmittag

„Kann ich nachher zu Luzie zum Spielen gehen?", fragt Luana ihre Mama beim Mittagessen.

„Heute geht es leider nicht", antwortet Mama. „Heute ist doch Tantennachmittag, hast du das vergessen?"

Luana seufzt. Tantennachmittage kann sie gar nicht leiden. Denn wenn Tantennachmittag ist, dann kommen Mamas drei Schwestern zu Besuch.

„Ich will keinen Tantennachmittag", sagt Luana finster.

Mama seufzt ebenfalls. Es sieht so aus, als ob sie die Tantennachmittage auch nicht so besonders gerne hätte, aber die Tanten tun ja sowieso immer, was sie wollen. Das weiß Luana.

Pünktlich um drei klingelt es laut an der Tür.

Tante Gisela und Tante Renate sind Zwillingsschwestern und sie sehen ganz und gar gleich aus und sind sehr bestimmend und laut und immer gleich angezogen.

Tante Amanda hat keinen Zwilling, aber laut und bestimmend ist sie trotzdem. Sie ist sogar noch lauter und bestimmender als die kugelrunden Zwillingstanten. Dafür ist sie spagetti-dünn und hat immer sehr viel, sehr roten Lippenstift auf ihrem Mund.

„Hallo, hallo, hallo", rufen Tante Gisela und Tante Renate und stürmen ins Wohnzimmer.

„Hallo, hallo, hallo, süße, kleine Luanamaus", ruft Tante Amanda und drückt Luana einen dicken Kuss auf die Stirn. Luana schafft es leider nicht mehr rechtzeitig, zu entwischen, und darum hat sie hinterher einen sehr roten Lippenstiftkussfleck auf der Stirn. Schnell läuft sie ins Badezimmer und wischt den Fleck weg.

Die Tanten sind in der Zwischenzeit schon an den Wohnzimmertisch geeilt und haben angefangen, Kuchen zu essen und Kaffee zu trinken.

Und den alten Kater Hugo haben sie mal wieder einfach so in die Küche gesperrt, weil die Zwillingstanten Katzen nicht leiden können.

Luana schleicht aus dem Badezimmer und versucht in die Küche zu schleichen, um den armen Kater Hugo wenigstens ein bisschen zu streicheln, aber da stürmt schon Tante Renate heran und bestimmt, dass Luana jetzt erst mal im Wohnzimmer

vormachen soll, was sie in der Kinder-
ballettschule schon alles gelernt hat.
„Ich will aber nicht", murmelt Luana
verlegen.
„Papperlappap", ruft Tante Gisela, die
früher selber mal im Ballett getanzt
hat. „Komm, wir beide tanzen
zusammen."
Und Tante Amanda packt ihre Film-
kamera aus, um ein paar schöne Film-
aufnahmen von Luana zu machen.
„Ich will aber eigentlich wirklich
nicht ...", flüstert Luana. „Ich will lieber mal nach meiner Katze gucken."

„Nein, nein, nein, das kannst du
später machen", ruft Tante Amanda
und knipst auf den Kameraknopf.
„Erst noch ein Tantenküsschen und
dann machen wir ein Tänzchen",
erklärt Tante Gisela streng.
Und schon wickelt sie ihre Tanten-
arme um Luana und will den Tanten-
kuss in Luanas Gesicht hineinküssen –
aber da hat Luana genug.
„Nein, lass mich!", schreit sie, so laut
sie kann. „Ich will nicht dauernd
geküsst werden. Ich gehöre euch
nicht und ich mag eure Küsse nicht."
Die Tanten stehen da wie erstarrt.

22

Luana holt tief Luft und ballt sogar die Hände zu Fäusten. „Und vortanzen will ich auch nichts. Und meinen Kater Hugo dürft ihr überhaupt nicht immer einfach wegsperren, der ist nämlich nicht gern allein."

Und weil die Tanten sich immer noch nicht rühren, holt Luana gleich noch einmal Luft und ruft zu Tante Amanda hinüber: „Und ich will nicht, dass du mich mit deiner Kamera filmst, ohne mich zu fragen, und deinen Lippenstift will ich auch nicht im Gesicht haben und meine Mama und ich wollen auch mal was bestimmen, wenn ihr da seid."

Plötzlich ist es ganz still. Luana und Mama lächeln sich zu und Mama geht einfach in die Küche und holt Kater Hugo zurück ins Wohnzimmer. Und dann erlaubt sie Luana, zum Spielen zu Luzie hinaufzugehen. Luana nickt zufrieden und lächelt ihren Tanten zu.

„Bis zum nächsten Tantennachmittag", ruft sie und winkt zum Abschied. Die Tanten winken zurück und plötzlich hat Luana ihre drei verrückten Tanten wieder ganz gern. Eigentlich sind sie ja ganz in Ordnung. Nur küssen und herumkommandieren will sie sich nie mehr von ihnen lassen.

Louis geht einkaufen

Als Louis vom Kindergarten nach Hause kommt, merkt er gleich, dass heute etwas anders ist. Sonst steht Mama immer schon vor dem Haus und wartet auf ihn. Voller Sorge drückt er auf den Klingelknopf. Ob etwas passiert ist? Aber da summt der Türöffner zum Glück schon. Louis atmet auf.

„Mama?", ruft er und schlüpft ins Treppenhaus.

„Hallo Louis", sagt Mama. „Ich habe mir heute früh den Fußknöchel verstaucht und bin jetzt so langsam wie eine Schnecke und so schwerfällig wie ein Flusspferd."

Mama humpelt zurück ins Wohnzimmer und legt sich seufzend auf das Sofa.

„Der Doktor hat gesagt, ich soll am besten den ganzen Tag über liegen bleiben, dann geht es mir morgen schon wieder besser", erklärt Mama. Louis nickt. Er will Mama helfen und füttert ganz allein seine Schildkröte Tarzan und bringt Mama eine Tasse Tee und die Zeitung.

„Jemand müsste noch rasch einkaufen gehen", sagt Mama plötzlich. „Wir haben nämlich nicht mal mehr einen Krümel Brot im Brotkasten."

„Ich gehe einkaufen!", erklärt Louis. Zuerst sagt Mama Nein, weil sie findet, Louis ist noch ein bisschen zu klein, um allein einkaufen zu gehen, aber dann sagt sie doch Ja, und Louis holt Mamas Geldbörse und Mama nimmt ein paar Münzen heraus, die Louis in seinen Bärchenbrustbeutel stecken darf.

„Den Weg zum Bäcker kennst du ja", sagt Mama.

Louis nickt und dann macht er sich stolz auf den Weg.

Der Weg zum Bäcker ist wirklich kinderleicht. Er muss nur zweimal um die Ecke gehen und über keine einzige Straße. Leider ist der Laden ziemlich voll und eine richtige Reihe zum Anstellen gibt es auch nicht. Stattdessen stehen die Leute in einem Knäuel vor dem Verkaufstresen. Louis stellt sich dazu und schaut sich die Leute an, die um ihn herum stehen. Eine alte Frau lächelt ihm freundlich zu und Louis lächelt zurück. Komisch, dass die Frau sich jetzt ein bisschen vor ihn zum Warten hinstellt, wo sie doch ganz sicher nach ihm in die Bäckerei gekommen ist. Louis schaut zu dem Regal, in dem die Brote liegen. Sehr viele Brote sind nicht mehr da und – Louis erschrickt – das Brot, das Mama immer kauft, das mit den vielen Sonnenblumenkernen oben auf der Kruste, ist überhaupt nirgends mehr zu sehen.

Was soll er denn jetzt tun? Er kann doch nicht einfach ein anderes Brot kaufen, denn er weiß ja gar nicht, was die anderen Brote kosten. Vielleicht sind die ja alle viel teurer. Sicher hat Mama ihm nur so viel Geld mitgegeben, wie das Brot mit den Sonnenblumenkernen kostet. Louis ist plötzlich ganz zittrig vor Aufregung. Und wieder drängeln sich ein paar Leute an ihm vorbei. Ein alter

Mann mit einem Gehstock und eine junge Frau mit rosa gefärbten Haaren und ein großer Junge, der ein Skateboard unter dem Arm hat.

Louis schaut zwischen den Leuten und dem leeren Brotregal hin und her. Er seufzt und fühlt sich klitzeklein. Am liebsten würde er jetzt ganz schnell aus dem Laden schleichen und nach Hause rennen. Aber dann haben sie heute Abend kein Brot zu essen.

Louis seufzt noch einmal und schaut sich zögernd in dem vollen Laden um. Dann holt er tief Luft und zupft den großen Jungen mit dem Skateboard am Jackenärmel.

„Kannst du mir vielleicht helfen, mein Geld zu zählen?", bittet er ihn vor-

sichtig. „Ich muss nämlich ein Brot kaufen und weiß nicht, ob ich genug Geld dabei habe. – Und außerdem komme ich gar nicht an die Reihe", fügt er leise hinzu. „Dauernd drängelt sich jemand vor."

Der große Junge macht ein zerknirschtes Gesicht. „Ich habe mich wohl auch vorgedrängelt", gibt er verlegen zu. Louis nickt. Da entschuldigt sich der große Junge und zählt blitzschnell Louis' Brotgeld. Und die anderen Leute machen plötzlich Platz für Louis. Und dann darf sich Louis ein Brot aussuchen, irgendeines aus dem Regal, denn der Junge hat gesagt, Louis hat für jedes Brot genug Geld dabei.

Louis atmet auf. Er sucht sich ein Brot aus und die Verkäuferin packt es in eine Tüte und einen Lutscher schenkt sie ihm auch.

Beim Abendbrot ist Mama sehr stolz auf Louis.

Gustav und der Hund

Josefines große Schwester Alina ist schon zehn. Und weil sie kleine Kinder sehr gerne hat, ist sie manchmal Gustavs Babysitter.
„Pielpatz, bitte Pielpatz ...", ruft Gustav und das soll heißen, dass Gustav gerne zum Spielplatz gehen will.
Alina nickt und nimmt Gustav an die Hand.
Brav hopst Gustav neben Alina her. Doch schon an der Gartentür des Nachbarhauses passiert das Unglück. Die Gartentür steht einen Spaltbreit offen und das gefällt Gustav, denn sonst ist diese Tür immer fest verschlossen.
„Reingelüpft ...!", erklärt Gustav und ist schon in den Nachbargarten reingeschlüpft.
„Nein, Gustav, nicht!", ruft Alina erschrocken. In diesem Moment raschelt es im Gebüsch und Paule saust heran. Paule ist ein kleiner, griesgrämiger Hund, der Kinder gar nicht gerne hat. Und schon gar nicht in seinem Garten.

„Oh, Wauwau ...", sagt Gustav und bleibt stehen.
Paule knurrt und seine Rückenhaare sträuben sich. Alina spürt, wie ihr vor Angst kalt wird.
„Gustav ...", flüstert Alina.
Paule knurrt immer noch. Mit funkelnden Augen starrt er Gustav an und Gustav schaut ängstlich zurück. Alina steht stocksteif da. Was soll sie nur tun? Vor Angst traut sie sich nicht in den Garten, aber was passiert, wenn Gustav weiter dort bleibt?
Alina schaut sich um. Warum ist bloß keiner in der Nähe, der ihr helfen kann?

Paule knurrt wieder und dann bellt er sogar. Ganz klar, er will, dass Gustav aus seinem Garten verschwindet.
„Gustav, komm einfach zu mir", ruft Alina leise.
Aber Gustav rührt sich nicht. Alina seufzt verzweifelt. Warum hat sie nur solche Angst vor Hunden?
Gustav fängt an zu weinen und plötzlich hat Alina eine Idee: „Paule, schau mal, ein Stöckchen!", ruft sie laut und versucht, ihrer Stimme einen mutigen Klang zu geben. Paule schaut sich überrascht um und da schleudert Alina den kleinen Stock in hohem Bogen quer durch den Garten.

Paule springt los wie ein Blitz, und Alina rennt zu Gustav und nimmt ihn, so schnell sie kann, auf den Arm. Eilig rennt sie mit ihm aus dem gefährlichen Garten und schlägt die kleine Gartentür fest hinter sich zu. Sie zittert immer noch und drückt Gustav fest an sich.
„Und jetzt Pielpatz gehn!", ruft Gustav zufrieden.
„Ja, jetzt gehen wir zum Spielplatz", antwortet Alina und fühlt sich plötzlich ganz leicht.

29

Viele mutige Kinder

Eines Tages geschieht etwas Merkwürdiges. Auf der Spielwiese vor dem Haus stehen drei Bauarbeiter.

„Was machen Sie denn hier?", erkundigt sich Lukas.

„Hier wird eine Garage gebaut", antwortet einer der Bauarbeiter.

„Was?", ruft Lukas entsetzt.

„Sie wollen auf unserer Wiese eine Garage bauen?"

Der Bauarbeiter nickt. „Das hat der Hausbesitzer so entschieden." „Aber wo sollen wir denn dann spielen?", fragt Lukas traurig.

Lukas erzählt Alina, die gerade mit Gustav vom Spielplatz kommt, was die Bauarbeiter ihm gesagt haben.

„Und unsere Wiese ist dann futsch?", fragt Alina bestürzt.

„Das können die doch nicht machen!", ruft sie laut und erzählt ganz schnell Luzie die Garagengeschichte.

Und Luzie erzählt sie Emily, die mit Josefine und Luana spielt. Anna, Yüksel und Louis sind am Sandkasten und dorthin kommen nach und nach auch alle anderen.

„Da kommen ja noch mehr Bauarbeiter!", ruft Alina empört.

Erschrocken stehen die Kinder da.

„He, Lukas, kommst du mit zum Fuß-
ballplatz?", rufen ein paar Jungen aus
Lukas' Schulklasse. Lukas schaut
hoch – und da hat er eine wunder-
bare Idee. Eilig winkt er seine Freunde
heran und sie flüstern aufgeregt.
Alle sind begeistert von Lukas'
Idee und Alina holt schnell ihre
Freundinnen.
Lukas und seine Freunde, Alina und
ihre Freundinnen, Josefine, Emily,
Luzie und Gustav und außerdem
Anna, Luana, Louis und Yüksel
stürmen auf die Spielwiese.
„Was ist denn hier los?", knurrt einer
der Bauarbeiter. „Kinder, wir müssen
arbeiten. Ihr stört ..." Er will, dass die
Kinder zum Spielplatz gehen.
Aber alle, alle, alle schütteln
die Köpfe.
„Nein, wir bleiben hier!", ruft Alina
zornig. „Das ist unsere Wiese, und
die geben wir nicht einfach so her!"

Die Bauarbeiter machen große Augen.
Und dann versuchen sie, um die
spielenden Kinder herumzuarbeiten.
Nach und nach kommen auch die
Eltern aus dem Haus. Die Bauarbeiter
sind ratlos.
„Ja, wollen sie denn keine Garage?",
fragt ein Bauarbeiter Luzies Papa.
Doch der schüttelt nur den Kopf.
Die anderen Eltern wollen auch
keine neue Garage.
„Aber wir wollen unsere Wiese!",
schreien alle Kinder.
Schließlich kommt der Hausbesitzer.
Ärgerlich schaut er sich um und redet
auf die Bauarbeiter, die Eltern und
sogar auf die Kinder ein. Aber die
Kinder rufen immer wieder: „Wir
wollen unsere Wiese behalten!",
bis der Hausbesitzer nachgibt und
die Bauarbeiter nach Hause schickt.
Die Kinder jubeln.

Für Alina, Luana und Luis,
die ebenfalls sehr viel Mut haben
und denen ich alle Kraft der Welt wünsche.

Die Deutsche Bibliothek – CIP-Einheitsaufnahme
Ein Titeldatensatz für diese Publikation ist bei
Der Deutschen Bibliothek erhältlich

1   2   3   4   05   04   03   02

© 2002 Ravensburger Buchverlag Otto Maier GmbH
Text: Jana Frey · Illustration: Gabriele Kernke
Redaktion: Birgit Macke
Printed in Germany
ISBN 3-473-33043-4